Luces De Neón

Benilio Antonio Zapata

Caracas, 2012

IBSN: 978-980-12-6586-3

A mi madre,
Pastora Zapata.

BAZ

Ruedo

Rejoneador en ruedo,
lucha pertinaz,
suerte de credo,
acecho mordaz.

Besos bregados
en cóncavos humedales,
mi espada aguzada
apremia la estocada.

Andanza

Para caminar este mundo
elegí mi pensamiento.
En él camino mis sueño,
en él sueño mi andar.
Los pies se cansan
mi pensamiento jamás.

Penitencia marinera

Marino de mar agreste
coraza de sal y sol
cubre pecho y razón,
amor que no habita,
ni en memoria, ni corazón,
busca puertos en el horizonte.

Mientras ancla la barca,
jalona la espera penitente,
puertas de bar le reciben
como única bienvenida,
besos agrazados
de lupanar esperan.

Guajira

Guajira
¡Al igual que la Hispania
vos sois mi sangre!
La península mi lengua,
tu mi fuerza.
La etnia, vientre
que pario mi dolor.

Efímera

Efímera, como tu amor,

la nube donde embarcó,

extraño viaje, no había brisa,

tal vez buscó otro cielo aprisa.

Muy a mi pesar…

        …mi mundo se

despejó.

Vano amor

Vano tu amor, quedo vacío
tras el cristal que se quebró,
la copa contenida añico está,
se derramó la embriaguez,
el cáliz que tenía no abrevó
mis ansias, ni tu insensatez.

Renacer de luz

Renace en la sombra un matiz,
de tu destellar brota la luz,
cual estrella reclama el cielo,
al astro rey en ocaso.

Abrazas mi penumbra sola,
llenando mi vida toda,
de brillos, frutas y cantos,
cual musa griega en El Parnaso.

Caballero amor

Frente altiva, mi hidalguía
muestra.
Vista clara, mi nobleza
avista.
Pasos firmes, mi arrojo
cuenta.
Verbo fecundo, mi saber
refrenda.
Corazón bravío, mi amor
(te) ofrenda.

Ironía

Tu hambre,
es mi llanto...

...Mi llanto,
es tu hambre.

Hilando la vida

Suena la rueca,
teje el destino,
busca el hilo
en el tendido.

Anuda los caminos,
los apresas,
construyendo sinos
en la vereda.

Telas de caminos,
agrestes y dulces
en la acera,
zurcidos por la suerte.

Tiempo

15

Impertérrito tiempo
nunca duermes,
rebuscas la vida
mientras acaba.
Navegas en locuras,
creces en hastío,
impávido acecho,
lucha pertinaz,
mortal cualidad,
ley eterna y fugaz.

Despedida

Junto al mar...
confundiendo la arena,
con mi piel descalza.

                ...llega tu adiós.
Se despide el sol,
juntos van
gorriones y golondrinas,
mueven sus alas
para la despedida,
al otoño que me abraza.

Junto al mar...
Mojado de aguas
que no son tus aguas.

                ...llega tu adiós.
Se van las luces tristes
del atardecer que me viste.

Junto al mar...
penetrando abismos,

lejos de ti mujer.

  ...llega tu adiós.
Mientras la brisa,
despide los últimos acordes
de mi canción.

Deseo

Deseo,

soñarte como la estrella

que guarda tu sueño.

Acariciarte igual al aire

que roza tu piel.

Deseo,

vivir para saciar mi sed,

en la humedad de tu ser.

Beber la dulzura de tu alma

en tus ojos color de miel.

Deseo,

sentir tu calor

cuando el lucero al alba despida.

Rozar tus labios,

cuando llegue la mañana.

Deseo,

caminar junto a ti

a donde nos lleve el destino.

Andar con una misma piel,

como vestido.

Caen los soles

Caen los soles.

Vuelve el manto frio

de la niebla

a abrazarme de sombras.

La noche me lleva

con su bruma de escarcha

al estado de no ser

más que violentas pinceladas.

Arena en el mar

mojada y no mojada,

bebida, rozada por el filo

del agua que no deja huella.

Fluyo en la espesa calma

de los abedules,

que sostienen la noche

en su sueño.

Extraño pesar

Extraño pesar.

No tengo penas

en mi interior.

Mas siento pena

de todo alrededor.

Las vidas pasan.

Danzan dormidas.

Las vidas pasan.

Hacen círculos

a todo y a nada.

Las vidas pasan.

(In) habitan los cuerpos.

Todo se llena

de un extraño pesar.

Horizontes

Fui a buscar horizontes,

los encontré,

los viví,

y no los vi…

…no se abrieron para mí.

Tierras caminé,

buscaba horizontes.

Mares navegué,

buscaba horizontes.

Mi boca hambrienta,

en el descuido de mis ojos

los tragó.

En el tiempo mis ojos abrieron,

y dentro de mí los encontré.

Sola

24

Sola la rosa,

cuando el viento

su tez no acaricia.

Sola la rosa,

cuando la mariposa

no bebe de su aliento.

Sola la rosa,

cuando un ruiseñor

no le brinda una sonrisa.

Copas de hiel

Copas de hiel, en el bar

comparten mis penas.

Llantos vehementes

desbordan mis lágrimas.

Lagrimas que vuelven

a mí en cada copa,

para seguirlas llorando

y que este llanto no acabe.

Mujeres rollizas

de esplendores lejanos,

dan cuenta de mi sufrir,

mi desengaño consuelan.

Borrachera solemne

me invita a pensarte,

pensarte duele

no pensarte más.

Infame tu traición

no hay yelmo

para el corazón.

Sírvanme otra copa de ron.

Lluvia de abril

A César Ávila, mi padre; se fue un 8 de abril.

Solo una vez bastó para descubrir

que no solo florece en abril,

también crecen los ríos

que surcan la vida.

Con sus crecientes turbulentas

van llenando todo

de un color distinto.

Comienzas a ver

a través de los cristales

de tus lágrimas.

y las risas de abril

tienen otro matiz,

ya no es el mismo

que acostumbrabas ver.

Ya no florecen los jardines

como ayer.

Solo te vas despertando

en una estación desconocida.

Yace oscura la niebla

sobre el otrora verdor del campo.

Perfidia

Pérfida bondad
tu hipocresía,
sonrisa de hada,
alma de porquería.

Tus besos,
agraz de mi viña,
quererte fue mi ignominia.

Luces de neón

Duermen mórbidas

las pieles vagabundas.

La ciudad gélida, mustia,

abraza las almas,

las atrapa en su pesar,

Duelen las luces de neón.

Reto

Estoy saliendo de la nada,

veo la luz,

me eclipsa la mirada,

estoy en tinieblas,

sigue habiendo luz,

solo esta tras la niebla.

Destellos me orientan,

busco la pisada,

hay que ir

al desconocido destino.

Todo mejor que la nada.

Suerte Real

Brillos dormidos

bajo las almohadas.

Amores en cuarentenas.

Pompas mojadas

en la espesura,

acariciando las penas.

Suerte de reina,

tu vida escancia

sudores de muerte,

envuelta por la bruma.

La estepa agrete te reta,

la lápida impávida

te aguarda.

Vida de caminos

Las realidades se encuentran

aprenden a andar juntas,

haciendo caminos en la hojarasca

se reacomodan,

dan paso a otra.

Vidas que se trenzan,

dando paso al destino

que las enlazas

cual siamesas.

Hilos que tejen

telarañas de encuentros

y desencuentros,

dan sentido al rumbo,

no se detienen.

Espantapájaros

Altivo, sereno,

guardián de sueños.

Indómita voluntad

ciñe tu destino.

Lluvias y soles

te alimentan.

En tu interior

pajas desechas

por el viento,

afuera la gallardía

del soldado.

Mofas de niños

te dan igual.

La cosecha esplendida

renacerá la alegría del labrador.

Soledad pagada

Emociones gravitan en la alcoba,

susurra la soledad desnuda

de las almas que la invaden.

Gemidos que huelen

a pesos sudados en la jornada.

Cuerpos que danzan

al compás del burdel.

Pasiones vuelcan el desencuentro

de seres que abrazan su destino

en un beso sin rostro.

Un "dame lo mío que me voy."

Sonido lapidario del orgasmo.

Entrega

Sobrevolé desnudo

tus sueños,

tu tez,

claro nácar

en el anochecer.

Montañas tersas

sobre tu pecho,

aureolas escarchadas

estremecidas de pasión.

Montes salvajes

descubrían manantiales

perlados,

fértiles humedales.

Nido de inocencia

para brindarte

el loto en flor,

beber tu esencia.

Guía

Una alondra errante

surca el cielo junto a mí,

muestra los trazos,

me guía.

Batalla

Vuela norte,

sobre los valles del sur.

Abruptos y suave

abren los pliegues de tu piel.

Aguas tibias bañan tu vértice,

aguas que avivan el fuego.

Batalla de elementos,

avatares de los dioses en la carne.

Desolada ilusión

40

Crispan los vellos de la piel.

Helada libertad viste la ilusión.

La oscuridad vacía de la noche me

persigue.

No hay horizonte, no hay dirección.

Sigues a la nada, con pasos pesados

que conducen a la soledad.

¿Dónde están los azules?

¿Dónde están los azules?
Ya no veo sus alas
de destellos multicolores.

Ya su centella
el iris de mis ojos
no lacera.

Ya no abrazan
mi piel
en las brazas
de tu piel.

¿Dónde están los azules?

Ya no están

donde ayer

solía verlos.

Ya no están

tus ojos.

mis azules

se fueron con tus baúles.

Habré muerto

Habré muerto.
Cuando la risa no me ría.

Habré muerto.
Cuando el llanto no me llore.

Habré muerto.
Cuando el viento no me sople.

Habré muerto.
Cuando la candileja no me vele.

Habré muerto.
Cuando la caricia no me toque.

Habré muerto.

Cuando la muerte sea mi vida

y en la muerte viva.

¡Habré muerto!

Viviendo tu amor

Albor celeste emanado de tu ser,

cantar que me arrulla.

Brindo con gotas de miel

tus abrazos de ternura.

Bebo tu aliento

con perfumes de alegría,

presagiando la venía

de tu lozano portento.

Eternamente

vida quiero,

para vestirme de ti.

Eternamente

vida ansío,

para seguir viviendo tu amor.

Caribe

Mundo azul

de doradas pinceladas,

que se cuelan por la tarde.

Mar de aventuras y esperanzas.

Mar de sueños y leyendas.

Mar de rotas cadenas,

con sabor a libertad.

Tu contacto con el cielo

me brinda la eternidad.

Mía

A Ana Stabile

Surge el nuevo día.

El verdor despliega por doquier.

Palpitan sones llenos de alegría.

Todo dice que eres mía.

Mía, en el canto alegre del pajarillo.

Mía en el fluir del rio.

Mía en la brizna húmeda del roció.

Mía en el brillar silente de la aurora.

Mía, Todo dice que eres mía.

Calles

A Barcelona

Cruces de mil colores

calles que tejen el alba

acariciando el rocío.

Aparecen rostros

y puertas

y cientos de casas.

Parecen agruparse

en perfectas filas,

rinden homenaje a la vida.

Y al andar te encuentras

en el éxtasis,

cual luciérnaga hermosa.

No caminas, fluyes

sumergido en un encanto.

Nada quiero encontrar

Nada quiero encontrar.

Siento la brizna,

me roza,

no humedece mi piel.

Se hace opaca la luz,

es mi sombra fiel.

Nada quiero encontrar,

por eso busco.

La nada me absorbe,

que mal luzco.

Tu primera vez

Una vez vida,

efluvio de rosa fresca.

Suave brisa,

lluvia en la cornisa.

Una vez la timidez,

inocencia traslúcida.

En el rostro alas,

grabadas de carmín.

Una vez rocío,

agua derramada.

Mujer eternizada

en el instante de tu primera vez.

Te vas

Te vas…

> …y contigo,
> el tibio despertar
> de mis mañanas.

Alma de niño

54

Juego de niño invoca la alegría,

estancia breve del espíritu impúber.

Se mira la estela de la inocencia

por entre las travesuras correr.

Halitos enérgicos empujan al floreo,

quien supiere para la adultez no atizar.

En la madurez del alma no entrar.

Escabrosa situación que empuja

a ascuas de eterna ablución.

Esencia de niño porque perder,

solo quiero niño siempre ser.

Soñé

Soñé nubes y gorriones,

volaban mis emociones,

…y nadie soñó conmigo.

Soñé campiñas floridas,

canciones y sonrisas,

…y nadie soñó conmigo.

Soñé cristales y soles,

jardines y flores,

…y nadie soñó conmigo.

Soñé amores y caricias,

de húmedas delicias,

…y nadie soñó conmigo.

Soñé cantos y alegrías,

soñé puertos y mares,

hembras y sabores…

…también lloré,

                Y nadie lloró

conmigo.

Cíclica esperanza

57

Languidece la tarde

entrega el sol su reino,

las sombras se adueñan

de la vida y sus fulgores.

Nace la perpetua espera

del nuevo amanecer,

amalgaman los sentidos

resurge el pretender.

Renueva la ilusión,

renace la congoja,

reina la sinrazón,

vuelve la esperanza.

Copas

58

Copas cargadas de mostos,

remiten a la vida,

se regocijan en el amor,

al final de la batalla.

La vida,

en sus copas brinda,

risas y llantos,

mascaras de un mismo carnaval.

El amor,

lealtades y engaños,

emociones de un mismo espíritu.

La batalla,

triunfos y derrotas,

designios de una misma entrega.

Lluvia triste

Quise que fueras fuego en el llamear

fulgurante de mis caderas…

        … pero fuiste lluvia,

lluvia triste de incesante felonía.

Soñar

Soñar…

búsqueda perpetua,

de la forma,

del encanto.

Elevador de alma.

Onírico canto.

Soñar…

sientes el estallar

dentro de ti.

Sin más mundo,

sin más sueño,

que tu mundo,

que tu sueño.

Soñar…

andar por tu aire,

siendo mi aliento

y mi anhelo,

lo que al despertar encuentro.

Labrantía

63

Labra la lanza una quimera,
labra la pluma una pasión,
labra la paciencia la espera,
labra el sueño una ilusión,
labra el andar la carretera,
labra la lluvia una canción,
labra la gallardía al mocete,
labra el denuedo una obsesión,
labra la barca al garete,
los sueños de mi razón.

Náufrago

Costas desoladas

muestra mi alma.

Vientos lerdos

visitan el hastío.

Desdibujado, el horizonte

me llama, siento frío,

tu ausencia se palpa.

Soy naufrago de amor y mar.

Tu vientre

Hoguera dormida,

relinchas como potra

en el estío…

… tu vientre,

de doncella zahareña,

ávido de estreno

virginal y sincero,

pronto abrevará.

Pubescencia etérea,

aprestada para el amor.

Coraje patrio

Hombres en lontananza

esperan el llamado

del arisco devenir,

todo indica correr

hacia la gloria

de hacer patria.

Clarines asoman

en la distancia

sus ecos de luchas,

preñadas de sueños,

colmadas de bravía.

Apuran el paso

no queda espacio

para pensar en pasadas

correrías desatinadas.

Van a hacer la vuelta,

cual alambiques de torno,

hasta exprimir la esperanza.

No hay marcha

que no sea avance

siempre adelante,

mientras tengas el chance.

Pueblo esperado,

por visiones guiado,

busca libertad,

no vivir encadenado,

por rancias utopías

que carcomen vidas,

usurpan sentimientos,

venden desatinos,

enlodando todo destino.

Risa

68

Risa no te rías

de quien te ríe,

tapizando sus tristezas.

Lágrimas secas

69

Lágrimas secas,

no tienen mejillas,

no tienen tiempo,

prefieren el anonimato

de las venas.

Lo recorren todo,

brotan en cada latir.

Hilos

Somos hilos

de un mismo manto,

que va arropando

nuestros destinos.

Cuento

71

Relata tu cuento.

En el camino

busca su final.

Cristo

72

Cuento siempre contigo.

Reinaras y vivir yo podré.

Inmensamente feliz seré.

Solo contigo seguro estaré.

Tú serás el guía hacia Iahveh.

Oro de mi absoluta fe.

Contenido

beniliozapata@hotmail.com

zapataeditores@gmail.com

Caracas – Venezuela

www.ingramcontent.com/pod-product-compliance
Lightning Source LLC
Chambersburg PA
CBHW031414160726

47993CB00003B/1233